평범한 우리 어린이들을 다음 세대
위인으로 만들어 줄 교과서 위인 이야기!
효리원의 교과서 위인 이야기는 초등학교
교과 과정에 나오는 국내외 위인들을, 우리나라
최고 아동 문학가 53인이 재미있게 동화로 구성했습니다.
지혜와 용기로 위대한 삶을 산 위인들의 이야기는,
어린이들의 마음속에 '나도 할 수 있다.'는
희망의 씨앗을 심어 줄 것입니다!

일러두기

1. 띄어쓰기와 맞춤법 : 초등학교 국어 교과서와 국립국어원의 『표준국어대사전』을 기준으로 하였습니다.

2. 외래어 지명과 인명 : 국립국어원의 『외래어 표기 용례집』을 기준으로 하였습니다.

3. 이해가 어려운 단어 : ( ) 안에 뜻풀이를 하였습니다.

4. 작가 연보 : 연도와 함께 나이를 표기하고, 업적을 간략히 소개하였습니다. 우리나라 위인은 태어난 해를 한 살로 하였고, 외국 위인은 만 나이를 한 살로 하였습니다. 정확한 자료가 없는 위인은 연도와 업적만을 나타냈습니다.

5. 내용 구성 : 위인의 삶은 역사적 자료를 바탕으로 최대한 사실적으로 구성하였습니다. 그러나 읽는 재미를 위해 대화 글이나 배경 묘사, 인물의 감정 표현 등에 작가의 상상력을 가미하였습니다.

6. 그림 구성 : 문헌을 바탕으로 위인이 살던 시대를 충실히 나타내도록 하되 복식의 색상이나 장식, 소품, 건물 등은 작가의 상상으로 그렸습니다.

7. 내용 감수 : 각 분야의 전문가들로 구성된 편집 위원들이 꼼꼼히 감수를 하였습니다.

편집 위원

김용만(우리역사문화연구소장)
교과서에서 만나는 위인들을 중심으로 일화와 함께 그림과 사진을 곁들여 지루하지 않게 읽을 수 있습니다. 술술 읽다 보면 학교 공부에도 많은 도움이 될 것입니다.

신현득(동시인, 전 새싹회 회장)
우리가 자주 듣고 접하는 역사 속 실존 인물들이 자신의 꿈을 이루기 위해 어떻게 노력했는지 깨달아 가면서 우리 어린이들은 한층 더 성숙해질 것입니다.

윤재운(동북아역사재단 연구 위원)
위인전을 읽으면서 어린이들은 시대를 넘어 간접 체험을 할 수 있습니다. 어떻게 살아야 하는지 인생에 대한 동기 부여와 함께 삶이 보다 풍요로워질 것입니다.

이은경(철학 박사, 전북과학대 유아교육학과 교수)
한 사람의 인격과 품성은 어릴 때 형성됩니다. 따라서 초등학교 저학년 때 어떤 책을 읽느냐에 따라 생각의 크기가 달라집니다. 어린이의 미래를 위해 이 책은 꼭 읽어야 합니다.

이창열(하버드 물리학 박사, 전 국가과학기술자문회의 전문 위원)
세상을 바꾼 위대한 인물의 이야기는 어린이의 인성 및 감성 발달에 큰 영향을 미칠 뿐 아니라 실험 정신과 개척 정신을 길러 줍니다. 용기와 지혜로 세상을 헤쳐 나가는 당당한 어린이를 꿈꾼다면 이 책은 꼭 한번 읽어 보아야 합니다.

정재도(한글학자)
위인으로 일컬어지는 이들은 어떤 생각을 하고, 어떤 삶을 살았을까요? 그들의 흔적을 담은 위인전은 복잡한 현대를 이끌어 갈 우리 어린이들에게 나침반과 같은 역할을 할 것입니다.

조수철(서울대학교 의과대학 소아정신과 교수)
위인전은 시대와 신분, 업적이 다른 위인들의 삶이 다양하고 흥미롭게 구성되어 있어 손쉽게 여러 삶의 모습을 만날 수 있습니다. 용기 있게 고난을 헤쳐 나간 위인의 이야기를 통해 삶의 지혜를 배울 수 있을 것입니다.

조국의 독립을 위해 목숨을 바친 독립운동가

윤봉길

박성배 글 / 이승수 그림

효리원
hyoreewon.com

이 책을 읽는 학부모님과 선생님께

초등학교 1, 2학년 정도의 어린이들에게 위인전을 읽힐 때에는 사전에 지도를 해 주어야 합니다.

먼저 그 위인이 살았던 당시의 나라 형편이나 생활 풍습 등을 이야기해 주는 것이 좋습니다.

윤봉길 의사의 경우에는 당시의 농촌 모습, 일본의 행패, 나라를 잃은 우리나라 사람들이 겪는 어려움 등에 대해 일러 줄 수 있을 것입니다.

이런 기본적인 지식이나 이해를 바탕으로, 윤봉길 의사가 나라를 위해 어떤 일들을 했는지 알아보자는 제안을 해서 읽기에 대한 의욕을 불러일으켜 주는 것이 바람직합니다.

그리고 책을 다 읽은 후에는 어린이들에게 질문을 통해 내용을 정리해 보게 하는 것이 효과적입니다.

어린이들은 자기가 읽은 책에 대해 함께 이야기를 나누고, 부모님이나 선생님의 질문에 대답하는 것을 자랑스러워하고 즐거워하기도 합니다.

책을 읽기 전에 다음과 같은 질문들을 미리 건네주면 어린이들은 한결 적극적인 독서 경험을 하게 됩니다.

— 윤봉길 의사는 어렸을 때 어떤 성격을 지니고 있었나요?

— 윤봉길 의사는, 농촌 사람들이 힘을 기르려면 어떻게 해야 한다고 주장했나요?

— 윤봉길 의사가 농촌 사람들을 위해 한 일들은 무엇이었나요?

— '이런 짓을 시킨 사람이 누구냐?'고 묻는 일본 헌병에게 윤봉길 의사는 뭐라고 대답했나요?

— 사형을 당하는 윤봉길 의사의 태도는 어떠했나요?

책을 다 읽고 난 뒤, 어린이와 함께 그에 따른 생각과 느낌을 주고받으면 독해력과 사고력이 눈에 띄게 자라날 것입니다.

감사합니다, 윤봉길 의사님!

월드컵 등 국제 경기가 열릴 때면 우리나라 사람들은 한목소리로 '오! 필승 코리아!'를 외치며 응원합니다. 그런데 만약 나라가 없다면 월드컵 경기에 나갈 수도 없고, 응원을 할 수도 없을 것입니다.

우리는 한때 나라를 빼앗겼던 적이 있습니다.

나라를 잃은 민족은 뿌리가 없는 나무처럼 불쌍합니다.

일본에게 빼앗긴 나라를 되찾기 위해 목숨을 바쳐 싸운 분들이 많습니다. 윤봉길 의사도 그 가운데 한 분이십니다.

우리나라를 되찾는 일에 목숨을 바친 윤봉길 의사를 자랑스럽게 생각하며 이렇게 인사를 드립니다.

"감사합니다, 윤봉길 의사님!"

글쓴이 박상재

차 례

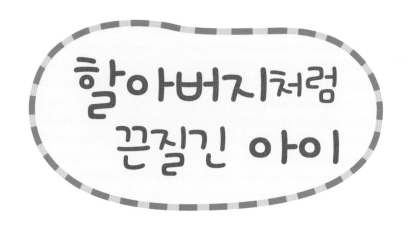

할아버지처럼 끈질긴 아이

1908년 6월 21일 저녁 무렵이었습니다. 충청남도 예산군 덕산면 시량리에서 힘찬 아기 울음소리가 울려 퍼졌습니다.

"응애! 응애!"

"아기를 많이 받아 봤지만 이렇게 힘차게 우는 소리는 처음 들어 봅니다."

아기 낳는 일을 도우러 온 마을 부인이 아기의 할머니에게 말했습니다. 이 아기가 바로 윤봉길입니다.

"어디 보자, 내 새끼. 아마 윤관 장군님도 이렇게 몸집이 크

윤봉길 초상화 | 겨레의 독립을 위해 목숨을 바친 윤봉길 의사의 초상화입니다.

고 튼튼하셨을 거야."

아기를 안은 할머니는 자랑스러워했습니다. 윤관 장군은 윤봉길의 18대 할아버지입니다.

"기쁘시겠습니다. 축하 드립니다."

"허허허!"

동네 사람들의 인사를 받은 할아버지 윤진영도 흐뭇한 표정이었습니다.

윤진영 할아버지가 어려서 이곳으로 이사 왔을 때에는 끼니도 제대로 잇지 못할 만큼 가난했습니다.

"언제까지나 이렇게 가난하게 살 수는 없어."

윤진영 할아버지는 어려서부터 가난에서 벗어나야겠다고 생각했습니다. 그래야만 후손들이 자기처럼 가난에 시달리지

않을 것이라고 생각했던 것입니다.

"내 몸에는 윤관 장군님의 피가 흐르고 있어."

윤진영 할아버지는 힘들 때마다 이렇게 중얼거리며 남보다 더 열심히 일했습니다.

윤진영 할아버지는 다른 사람들이 쉬거나 놀 때에도 혼자 일을 했습니다.

"좀 쉬었다 하세요."

"남들 쉴 때 다 쉬면 언제 가난에서 벗어나겠나?"

할아버지는 어두워질 때까지 일을 했습니다.

"저렇게 열심히 땅을 파는 모습을 보니 두더지 같지 않아?"

"하하, 그럼 윤 두더지라고 할까?"

마을 사람들은 이렇게 윤진영 할아버지의 별명을 만들어 불렀습니다.

윤봉길의 할아버지 윤진영은 마을 사람들이 그런 말을 하든 말든 상관하지 않고 부지런히 땅을 팠습니다. 그러다 보니 어느새 시량리에서 땅이 가장 많은 집이 되었습니다.

"남보다 열심히 일하더니 결국 부자가 되었어."

별명을 부르며 놀리던 마을 사람들이 부러워했습니다.

"네 할아버지처럼 한번 마음먹은 일은 꼭 이루는 사람이 되어야 한다."

윤봉길의 어머니는 아기가 할아버지처럼 끈질긴 정신을 지녔으면 하고 바랐습니다.

봉길은 걸음마를 시작하면서부터 잠시도 가만히 있지 않았습니다. 마당이며 동네며 여기저기 돌아다니다가 넘어질 때가 많았습니다. 그러나 어머니는 넘어진 봉길을 일으켜 주지 않았습니다. 봉길이 제힘으로 일어난 뒤에야 얼른 가서 안아 주었습니다.

일본을 꾸짖는
아이

봉길이 세 살 되던 1910년, 우리나라에 슬픈 일이 일어났습니다.

"조선은 일본과 같은 나라다!"

군대를 앞세워 우리나라에 쳐들어온 일본이 이렇게 주장한 것입니다. 우리나라가 자기네 땅이니 우리나라 사람들도 일본 사람과 같다는 뜻이었습니다. 이 소식을 들은 우리나라 방방곡곡의 사람들이 땅을 치며 울었습니다.

"세상천지에 이렇게 억울한 일이 또 있을까……!"

봉길의 가족들도 한숨을 쉬었습니다. 봉길의 어머니는 아이들이 나라 없는 설움을 받고 자랄 것이 걱정이었습니다.

이런 불행 속에서도 봉길은 무럭무럭 자라 어느덧 여섯 살이 되었습니다. 봉길보다 두세 살 위인 아이들도 봉길의 힘을 당하지 못했습니다. 그래서 봉길이 대장 노릇을 했습니다.

어머니는 만날 놀기만 하는 봉길이 걱정스러웠습니다.

"봉길아, 내일부터 서당에 다니도록 하여라."

어머니는 낮지만 엄한 목소리로 말했습니다.

봉길의 큰아버지는 그 마을에서 아이들에게 글을 가르치고 있었습니다.

봉길은 다음 날부터 큰아버지 댁으로 글을 배우러 다녔습니다. 그러나 봉길은 공부를 잘하지 못했습니다. 공부를 하면서도 놀 궁리만 했기 때문입니다. 『천자문』을 외워 보라 하면 자꾸 더듬거려서 다른 아이들이 웃음을 터뜨릴 정도였습니다.

"안 되겠다. 내일부터는 엄마랑 같이 서당에 가자."

어머니는 집안일이며 농사일이 많았지만, 봉길을 위해 함께 서당에 다니기로 결심했습니다. 봉길의 어머니는 아이들 뒤에 앉아서 『천자문』을 공부하기 시작했습니다. 봉길은 조금도 딴짓을 할 수가 없었습니다.

고집이 센 봉길은 한번 공부에 빠져들기 시작하자 옆에서 불이 나도 모를 정도로 열심히 글을 읽었습니다.

"봉길이가 참 총명합니다."

큰아버지는 봉길의 어머니에게 이렇게 말하곤 했습니다.

어머니는 봉길에게 아침저녁으로 글 읽는 습관을 들이도록 했습니다. 어머니의 이런 열성으로 봉길은 차츰 공부하는 재미를 느끼기 시작했습니다.

열 살이 된 봉길은 목소리도 어른처럼 우렁찼습니다. 가끔 아이들과 원효봉에 올라갈 때에는 가파른 산길을 다람쥐처럼 재빠르게 내달았습니다. 봉길은 한번 오르기 시작하면 중간에 내려가는 법이 없었습니다.

원효봉의 산등성이는 처음에는 별로 가파르지 않으나, 오를수록 비탈져 제법 험했습니다.

"아이고, 살가지 따라왔다가 나 죽겠다."

　힘에 부치면 아이들은, 봉길이 듣지 않는 데서 이렇게 투덜거렸습니다.

'살가지'란 살쾡이를 가리키는 사투리입니다.

살쾡이는 고양이와 비슷하게 생겼으나 몸집이 조금 더 큰 산짐승입니다. 아이들은 봉길의 재빠른 몸놀림이나 반짝이는 눈빛, 아무도 당할 수 없는 힘, 그리고 마음먹으면 꼭 이루어 내고야 마는 성격을 보고 살가지라는 별명을 지어 불렀던 것입니다.

"요놈들-!"

원효봉에 오른 봉길은 산이 쩌렁쩌렁 울리도록 큰 소리로 외쳤습니다. 우리나라를 집어삼키고 우리나라 백성들의 재산과 생명을 빼앗아 가는 일본 사람들을 꾸짖는 소리였습니다. 봉길은 언젠가는 일본 사람들을 우리나라에서 쫓아내겠다고 다짐했습니다.

굳은 결심

봉길은 열한 살이 되자, 덕산공립보통학교에 입학했습니다. 지금으로 말하면 초등학교입니다. 교장은 와타나베라는 일본 사람이었습니다.

교사들은 마치 군인처럼 일본식 옷을 입고, 금테를 두른 일본식 모자를 썼습니다. 게다가 허리에는 긴 칼까지 차고 있었습니다.

"일본 교사들이 싫어요."

봉길은 일본 교사들이 싫어서 학교에 가지 않으려고 자꾸만

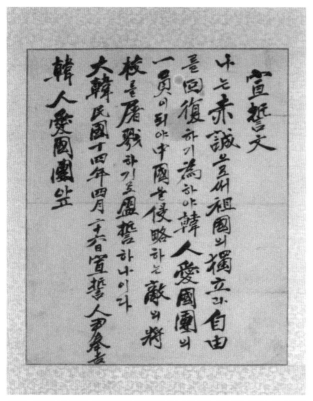

친필 선서문 | 한인 애국단에 입단할 때 윤봉길 의사가 직접 쓴 입단 선서문입니다. 독립기념관에 전시되어 있습니다.

꽁무니를 뺐습니다.

"모름지기 사람은 어떤 일이 있어도 배워야 한다. 억울하더라도 꾹 참고 다니도록 해라."

어머니가 봉길을 잘 타일렀습니다.

봉길이 덕산공립보통학교에 입학한 이듬해인 1919년 3월에 3·1운동이 일어났습니다.

그날 장터에는 많은 사람들이 모여들어 독립 만세를 외쳤습니다.

"대한 독립 만세! 대한 독립 만세! 대한 독립 만세!"

일본 경찰이 가만히 있을 리 없었습니다. 많은 사람들이 그

자리에서 목숨을 잃거나 감옥으로 마구 끌려갔습니다.

'내가 좀 더 크면 힘을 길러 모두들 가만두지 않겠어.'

그날 밤, 봉길은 잠을 이루지 못했습니다.

"대한 독립 만세! 대한 독립 만세!"

일본 경찰의 총칼 앞에서도 물러서지 않으며 목이 터져라 외치던 사람들의 모습이 자꾸만 어른거렸기 때문입니다.

다음 날부터 봉길은 학교에 가지 않았습니다.

"독립 만세를 부른다고 우리나라 사람들을 잡아가고 죽이는 일본 사람들한테 더 이상 배우고 싶지 않아요."

봉길은 단단히 결심한 듯 보였습니다.

학교를 그만둔 봉길은 실력이 뛰어난 성주록 선비를 찾아가서 공부하기 시작했습니다.

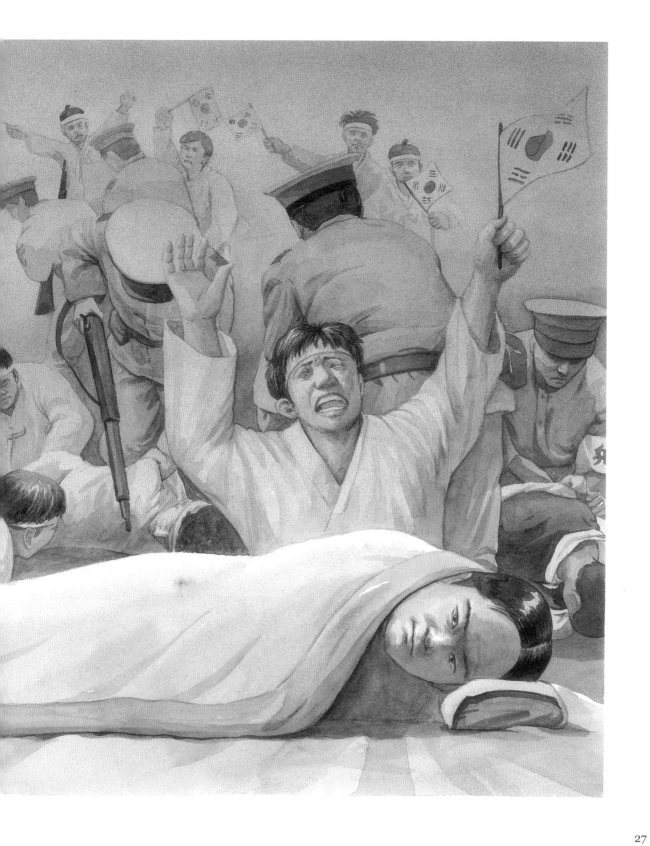

"오호, 하나를 배우면 열을 안다는 말은 너를 두고 하는 말이구나."

성주록 선생은 봉길을 보며 칭찬을 아끼지 않았습니다.

1922년, 봉길의 나이 열다섯 살이 되었을 때 배용순이라는 처녀와 혼인을 했습니다. 배용순은 농민의 딸로 어른을 잘 받들고 이해심이 많으며 부지런한 처녀였습니다. 나이는 봉길보다 한 살이 많은 열여섯이었습니다.

혼인을 한 뒤, 봉길은 더욱 열심히 공부할 수 있었습니다. 부인 배용순이 공부하는 데 방해되지 않도록 잘 보살펴 준 덕분입니다.

혼인한 이듬해, 봉길이 열여섯 살 때였습니다.

추석을 맞아 경치가 아름다운 수암산 중턱에서 시짓기 대회가 열렸습니다. 여러 곳에서 실력 있는 사람들이 많이 모여들었습니다. 그런데 나이 어린 봉길이 1등을 차지했습니다.

"시짓기 대회만 했다 하면 봉길이가 1등이군."

사람들은 봉길을 칭찬하며 부러워했습니다.

어느 날 봉길이 산책을 하고 있는데 한 청년이 거친 숨을 몰아쉬며 앞을 막아섰습니다.

그러더니 청년은 안고 있던 것을 봉길 앞에 와그르르 쏟아 놓았습니다.

"아니, 이것들은 죽은 사람 이름을 써서 무덤 앞에 세워 놓는 푯말 아니오?"

봉길은 눈을 크게 뜨며 물었습니다.

"글을 읽을 줄 몰라 내 아버지의 묘소를 찾을 수 없어서 그러오. 제발 부탁이니 이 묘표들 가운데서 내 아버지 이름을 찾아 주시오."

"뭐라고요? 이렇게 묘표들을 죄다 뽑아 왔으니 부친의 묘표를 찾는다 해도 그 묘표가 어디에 있었는지 알 수 없게 되어 버렸잖소?"

"예?"

순간 청년은 바닥에 털썩 주저앉으며 울음을 터뜨렸습니다.

"아이고, 이 일을 어쩌나! 아버지 묘소도 못 찾고, 다른 사람들 묘소도 못 찾게 만들었구나."

청년은 땅을 치며 통곡을 했습니다.

'이 청년처럼 배우지 못해서 일본에게 나라를 빼앗긴 거야.'

봉길은 마음이 갑갑했습니다.

'야학당(밤에 공부를 가르치는 곳)을 세워 글을 가르쳐야겠어.'

통곡하는 청년을 물끄러미 바라보며 서 있던 봉길은 굳게 결심했습니다.

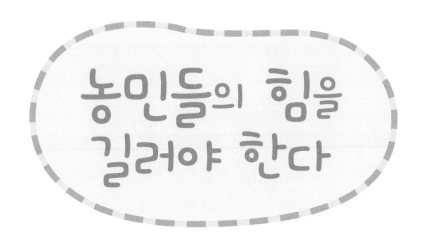

농민들의 힘을 길러야 한다

　성주록 선생에게서 배우기를 마친 윤봉길은 스스로 많은 책을 구해서 읽기 시작했습니다. 그러면서 마음속으로만 생각하고 있던 야학을 시작했습니다.

　"여러분, '아는 것이 힘'이라고 했습니다. 우리는 배워서 힘을 길러야 합니다."

　봉길의 힘찬 연설에 사람들이 손뼉을 쳤습니다.

　마을 어른들은 봉길이 시량리 청년이라는 것을 자랑스럽게 생각했습니다.

34

날이 갈수록 야학에서 배우려는 사람들이 넘쳐났습니다. 봉길은 힘든 줄도 모르고 신이 나서 가르쳤습니다.

한글을 깨친 아이들이 동네 담이나 문짝에 낙서를 하기도 했습니다. 봉길에게 고맙다는 편지를 써 보내기도 했습니다. 그런 모습을 보면서 봉길은 농촌의 무지함이 서서히 벗겨지는 것 같아 흐뭇했습니다.

1927년, 봉길이 스무 살 되던 해였습니다. 봉길은 야학에서 학생들을 가르칠 책을 만들었습니다. 농민들이 읽어서 꼭 알아야 할 책이라는 뜻으로 『농민독본』이라고 책 제목을 붙였습니다.

이 책에는 '우리 조선이 백두산처럼 힘 있는 나라'라는 글도 있었습니다. 농민들이 서로서로 뭉쳐야 큰 힘이 된다는 글도 있었습니다.

1928년 봉길은 야학당에서 글을 가르치는 것만으로는 성에 차지 않았습니다. 그래서 농촌 사람들이 다 함께 잘살자는 뜻으로 '부흥원'이라는 건물을 지었습니다. 또 책을 많이 읽자는 운동을 펴기 위해 독서회도 만들었습니다.

"열심히 공부해도 몸이 약하면 아무 소용이 없습니다."

이렇게 주장하며 봉길은 체육회도 만들었습니다. 봉길은 마을 청년들과 함께 널따란 운동장을 만들고는 축구공을 몇 개 사 왔습니다. 그리고 아침마다 축구 경기를 했습니다.

또한 봉길은 늙은 부모님을 모시는 사람들과 함께 '위친계'도 만들었습니다. 당시에는 가난한 농민들이 갑자기 상을 당하거나 집안에 큰 행사가 생기면 일을 치를 돈이 없어 쩔쩔매는 경우가 많았습니다. 그래서 다달이 돈이며 곡식을 조금씩 모아 두었다가 큰일을 당했을 때 당황하지 말고 사용하자는 뜻으로 만든 것입니다.

그해 2월 28일, 봉길은 부흥원 건물 완공 기념으로 차린 학예회에 「토끼와 여우」를 극본으로 만들어

공연했습니다.

토끼와 거북이 사이좋게 빵을 나누어 먹으려는데 교활한 여우가 나타나서 공평하게 나누어 주겠다며 빵을 억지로 빼앗습니다. 여우는 빵을 두 쪽으로 나누고는 한쪽이 조금 크다며 큰 쪽의 빵을 조금 떼어 먹습니다. 그렇게 번갈아 먹다가 결국은 여우가 다 먹어 버립니다.

연극을 본 사람들은 드러내 놓고 말은 안 했지만 교활한 여우는 일본을, 토끼와 거북은 순진한 우리나라 백성에 빗대어 쓴 것이라는 사실을 느낄 수 있었습니다.

봉길은 스물두 살이 되면서 또 다른 일을 시작했습니다. 농민들에게 독립 정신을 길러 주려고 '월진회'라는 애국 단체를 만든 것입니다. 월진회란 '날마다 앞으로 나아가고 달마다 전진하자.'는 뜻을 담고 있었습니다.

봉길은 회원들에게 새끼돼지를 한 마리씩 나누어 주었습니다. 또 닭을 키우게 하고, 가축을 잘 기르는 방법이 담겨 있는 책도 사서 돌려 가며 읽게 했습니다.

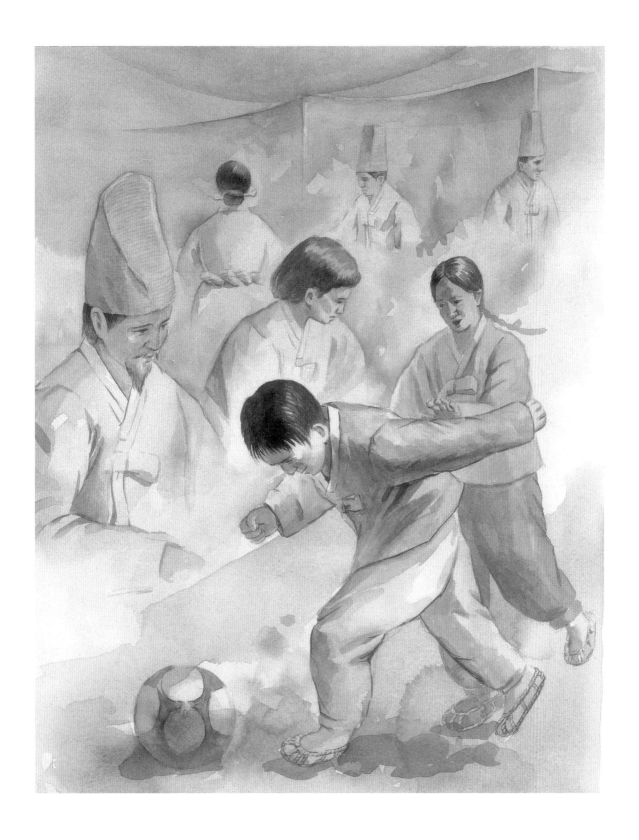

봉길은 회원들과 힘을 합해 마을 앞으로 흐르는 목계 주변에 미루나무를 6,000그루나 심었습니다. 마을 뒷산에도 밤나무 1,000그루를 심었습니다.

이렇게 많은 일을 하는 봉길은 늘 일본 경찰의 감시를 받았습니다. 일본은 우리나라 농민들이 땀 흘려 추수한 쌀도 모두 빼앗아 갔습니다.

'우리나라에서 일본을 몰아내지 않고서는 아무리 공들여 일해도 잘살 수 없어. 만주로 가서 독립 운동을 해야겠다.'

이렇게 마음을 굳힌 봉길은 가족들에게도 알리지 않고 만주로 갔습니다.

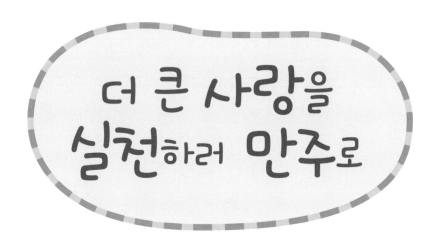

더 큰 사랑을
실천하러 만주로

압록강을 지난 기차가 만주에 도착했을 때는 서서히 어둠이 내려앉을 무렵이었습니다. 역 주변에는 일본 헌병들이 눈을 번뜩이고 있었습니다.

윤봉길은 일본 사람이 경영하는 세탁소에서 일을 했습니다. 얼마 후, 윤봉길은 갑자기 사라진 자신 때문에 걱정할 가족들에게 편지를 썼습니다. 그러자 곧 어머니에게서 답장이 왔습니다. 한 번만이라도 집에 왔다 가라는 내용이었습니다.

윤봉길은 자신의 결심이 흐트러지지 않도록 하기 위해 곧바

로 답장을 썼습니다.

어머니, 저는 부모의 사랑, 형제의 사랑, 처자의 사랑보다 더 큰 사랑을 실천하려고 이 일을 선택했습니다.

이런 내용의 글이었습니다. 윤봉길이 말한 더 큰 사랑이란 나라를 위하는 일이었습니다.

윤봉길은 만주에서 1년을 지내다가 독립 운동가를 만나러 상하이로 갔습니다. 그리고 그곳 모자 만드는 공장에서 잠시 일하다가 그만두고, 손수레를 하나 마련해 채소 장사를 시작했습니다. 이곳저곳을 돌아다니면서 일본 군인들의 움직임을 살펴보기 위해서였습니다.

1932년 새해가 밝았습니다.

"채소가 왔습니다. 싱싱한 채소 사세요."

윤봉길이 일본말로 소리치며 조금 번화한 거리로 나왔을 때였습니다. 신문을 파는 아이들이 호들갑스럽게 소리치며 이

자화상과 유묵 | 윤봉길 의사가 스스로 그린 자신의 초상화와 생전에 남긴 글씨입니다.

이리저리 뛰어다니고 있었습니다. 봉길은 궁금해서 얼른 신문을 한 장 샀습니다.

'한국 사람 이봉창이 일본 황제를 저격했으나 맞지 않았다.'

신문을 든 윤봉길의 두 손이 부르르 떨렸습니다.

'이봉창 선생이 목숨을 걸고 한 일이 실패하고 말았구나…….'

그길로 집에 들어간 윤봉길은 밥도 먹지 않고 빈방에 혼자 누워 안타까워했습니다.

그 무렵 일본과 중국 사이에 전쟁이 일어났습니다.

"쾅!"

"타타타타!"

상하이는 순식간에 전쟁터로 변했습니다.

윤봉길은 중국이 일본을 이길지도 모른다는 한 가닥 희망을 가졌습니다.

그러나 봉길의 희망은 얼마 못 가서 물거품이 되고 말았습니다. 중국이 일본에 항복을 하고 만 것입니다.

"이런 바보들, 대국이라고 큰소리치는 중국이 섬나라 일본에 지다니!"

윤봉길은 주먹으로 벽을 치며 원통해했습니다.

"이제 내가 나서는 수밖에 없어!"

윤봉길은 그길로 김구 선생을 만나러 갔습니다.

그러나 쉽게 만날 수가 없었습니다. 이봉창이 일본 천황에게 폭탄을 던진 뒤부터, 일본 경찰과 헌병들이 김구 선생을 잡기 위해 눈에 불을 켠 까닭에 숨어 지내고 있었기 때문이었습니다.

윤봉길은 그동안 서로 알고 지내던 독립운동가들의 도움으로 어느 교포 집에서 김구 선생을 만났습니다.

그때 김구 선생의 나이는 쉰일곱이었고, 윤봉길은 스물다섯

의 청년이었습니다. 윤봉길은 평소 존경하던 김구 선생에게 큰절을 올렸습니다. 윤봉길은 고향에서 야학을 시작하게 된 이야기부터 나라의 독립을 위해 큰일을 하겠다는 결심을 하고 여기까지 오게 된 이야기를 했습니다.

"내가 간절히 찾고 기다리던 인물이 바로 자네와 같은 사람이었네."

김구 선생은 윤봉길의 두 손을 덥석 잡으며 반가워했습니다.

"무슨 일이든지 맡겨만 주십시오."

"알겠네. 잠시 때를 기다려 보세."

밤늦게 김구 선생과 헤어진 윤봉길은 혹시 일본 형사가 보고 있지나 않을까 싶어, 사방을 두리번거리며 집으로 돌아갔습니다.

마지막 인사

1932년 4월 20일이었습니다. 우연히 일본인이 발행하는 신문을 보게 된 윤봉길의 눈이 갑자기 반짝거렸습니다. 오는 4월 29일에 훙커우 공원(현 루쉰 공원)에서 일본 천황의 생일 축하 행사를 가진다는 기사였습니다.

'그렇다면 일본군의 주요한 인물들이 다 모이겠군.'

신문을 쥔 윤봉길의 손이 부르르 떨렸습니다.

행사에 참석하기를 원하는 일본인들은 물병과 도시락, 그리고 일장기를 하나씩 가져오라는 기사를 몇 번이고 다시 읽었

습니다.

저녁때가 되자 윤봉길은 김구 선생을 찾아갔습니다.

"선생님!"

"그래, 자네가 해 보겠는가?"

두 사람의 생각은 이미 통해 있었습니다.

"해야지요. 폭탄만 준비해 주십시오."

김구 선생은 곧바로 사람을 시켜서 일본인이 사용하는 물병과 도시락을 구해다가 그 속에 폭탄을 장치했습니다.

1932년 4월 28일, 윤봉길은 일본 천황의 생일 축하 행사가 벌어질 홍커우 공원에 가서 자기가 서 있을 자리며 폭탄을 던질 위치 등을 미리 확인해 두었습니다.

그날 밤 윤봉길은 김구 선생과 마지막 밤을 보냈습니다. 윤봉길은 꼭 독립을 이루자는 간절한 소원을 글로 써서 우리나라 청년들에게 남겼습니다.

그리고 자기가 지금까지 살아오면서 했던 일들도 글로 정리했습니다. 마지막으로 사랑하는 가족들에게, 슬퍼하지 말고 나라의 독립을 위해 노력하자는 내용의 글을 썼습니다.

1932년 4월 29일 아침이 밝았습니다. 하늘은 뿌옇게 흐려 있었습니다. 스물다섯 살의 젊은 청년 윤봉길은 일어나서 찬물로 세수를 했습니다. 그러고는 옷을 입기 시작했습니다. 갈색 양복에 붉은 넥타이를 매고 흰 모자를 썼습니다. 구두도 흰색이었습니다.

윤봉길 의사의 시계
김구 선생님과 윤봉길 의사가 1932년 의거 직전에 교환했던 회중시계입니다. 원래 왼쪽이 윤봉길, 오른쪽이 김구 선생님의 것이었으나, 의거 현장에서 윤봉길 의사가 지니고 있던 것과 서로 바꾸어 가졌습니다. 시계는 윤봉길 의사가 순국한 뒤 유족들에게 전해졌습니다.

'왜놈들 꼬락서니는 보기도 싫지만, 큰일을 하려면 어쩔 수가 없지. 이렇게 왜놈 차림을 하는 수밖에.'

윤봉길은 속으로 이런 생각을 하며 집을 나서다가 시계를 꺼냈습니다.

"제 시계는 이제 몇 시간밖에 소용이 없습니다. 6원을 주고 산 것인데, 선생님 시계는 2원짜리입니다. 마지막으로 드리는 제 선물이니 받아 주셨으면 합니다."

윤봉길의 말에, 김구 선생은 자신의 낡은 시계를 꺼내어 건네주었습니다.

"자네 시계는 기념으로 잘 간직하겠네."

김구 선생의 목소리는 착 가라앉아 있었습니다.

자동차가 도착했습니다. 차를 향해 뛰어가려던 윤봉길이 김구 선생 쪽으로 달려오더니 돈을 건넸습니다. 얼떨결에 돈을 받은 김구 선생이 걱정스럽게 말했습니다.

"돈은 가지고 있는 것이 좋을 텐데……."

윤봉길은 자동차에 타면서 소리쳤습니다.

"찻삯을 주고도 5원이 남습니다."

윤봉길의 말이 끝나기도 전에 차가 움직이기 시작했습니다.

'뒷날 지하에서 만나세!'

김구 선생은 울컥 올라오는 울음을 참으며, 마음속으로 목멘 소리를 크게 외쳤습니다.

윤봉길은 차창 밖으로 고개를 내밀어 인사를 했습니다.

차는 속력을 내어 달려갔습니다.

마음속에 영원히
살아 있을 윤봉길

상하이 거리는 온통 축제 분위기였습니다. 일본군 장갑차들이 요란하게 소리를 내며 줄지어 지나갔습니다. 이어서 기관총, 대포, 탱크 등이 땅을 울리며 따라갔습니다. 전쟁에서 이긴 힘을 자랑이라도 하려는 듯 군인들이 총칼을 번쩍이며 행진을 하고, 하늘에서는 비행기들이 축하 비행을 했습니다. 일본 사람들은 흥분해서 일장기를 흔들며 연방 만세를 외쳐 댔습니다.

축하 행사가 시작되자 일본 사람들은 모두 일어서서 엄숙하

63

게 국가를 불렀습니다.

'지금이다!'

이렇게 생각한 윤봉길은 폭탄의 안전핀을 뽑은 채 몇 걸음 달려나가면서 단상을 향해 물병 폭탄을 힘껏 던졌습니다.

"쾅!"

"으아악!"

식장은 산산조각이 나고, 나무조각들이 하늘로 치솟았습니다. 일본 대장과 군인들이 쓰러졌습니다.

식장에 참석했던 일본 사람들은 서로 먼저 도망가려고 아우성이었습니다.

"대한 독립 만세! 대한 독립 만세!"

윤봉길은 일본 헌병들에게 잡혀가면서도 목청껏 대한 독립 만세를 외쳤습니다.

감옥에서 윤봉길은 모진 고문을 받았습니다.

"너에게 이런 짓을 시킨 놈이 누구냐?"

"바로 우리 2,000만 대한 동포다!"

윤봉길은 당당한 얼굴로 말했습니다.

"무엇이라고? 우릴 놀리는 거야?"

일본군은 윤봉길을 사정없이 때렸습니다.

발로 차고 몽둥이로 두들겨 팼습니다.

1932년 12월 19일 새벽, 일본군은 윤봉길을 사형장으로 끌고 갔습니다.

"할 말이 있는가?"

"아직은 우리나라가 힘이 약하지만, 머지않아 꼭 독립을 이루고 말 것이다. 나는 대한 남아로서 해야 할 일을 하고 미련 없이 떠나간다."

죽음을 앞둔 젊은 청년 윤봉길은 당당하게 말했습니다.

사형 집행관들이 윤봉길을 십자가 모양의 나무에 묶었습니다. 그러고는 헝겊으로 눈을 가렸습니다.

"대한 독립 만세!"

"탕, 탕!"

두 발의 총성이 새벽 하늘에 울려 퍼졌습니다.

윤봉길은 고개를 떨어뜨렸습니다.

"우르르 쾅, 쾅!"

윤봉길의 고향인 예산군 덕산면에서는 12월 추운 겨울에 때 아닌 천둥과 번개가 쳤습니다. 그 바람에 가야산 기슭의 장군

윤봉길 의사 기념관 | 1988년 12월 1일 문을 연 윤봉길 의사 기념관. 1층과 2층 두 곳에 윤봉길 의사 관련 유물이 전시되어 있습니다. 서울 서초구 매헌로 99 양재시민의숲에 있습니다.

봉이 무너져 내렸습니다.

중국 총통 장제스는 윤봉길의 의거에 대해 이렇게 말했습니다.

"중국 군인 100만 명이 하지 못한 일을 한국의 윤봉길 의사가 혼자 해냈습니다."

윤봉길! 스물다섯 젊은 나이로 나라를 위해 목숨을 바치고 사라져 갔지만, 그는 영원히 우리들 마음속에 살아 있을 것입니다. ✿

연 대	발 자 취
1908년(1세)	6월 21일, 충청남도 예산군 덕산면 시량리 178번지 광현당에서 윤황의 첫째 아들로 태어나다.
1913년(6세)	큰아버지 윤경에게 한문을 배우다. 어머니와 함께 『천자문』을 공부하다.
1918년(11세)	덕산공립보통학교에 입학하다.
1919년(12세)	일본 교사에게 배우는 것을 못마땅해하던 중 3 · 1운동이 일어나자 보통학교를 그만두다.
1921년(14세)	서당에서 유학자 매곡 성주록 선생에게 한학과 예법 등을 배우다.
1922년(15세)	배용순과 결혼하다.
1926년(19세)	농촌에 야학을 세우고 농촌 부흥 운동, 독서회 운동 등을 시작하다.
1927년(20세)	『농민독본(3권)』을 직접 발간하다.
1928년(21세)	부흥원 설립 기념으로 「토끼와 여우」를 공연하다.
1929년(22세)	월진회를 만들다.
1930년(23세)	3월 6일, 조국 독립의 큰 뜻을 품고 중국으로 떠나다.
1931년(24세)	여러 독립 운동가와 함께 독립 운동을 하다.
1932년(25세)	4월 29일 오전 11시 40분(한국 시간 12시 40분) 상하이 홍커우 공원(현 루쉰 공원) 의거, 일본의 천장절과 전승 기념 축하식 단상에 수통형 폭탄을 던지다. 12월 19일 오전 7시 30분 일본군에게 사형을 당하다.

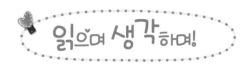

읽으며 생각하며!

1. 친구들은 윤봉길의 재빠른 몸놀림, 반짝이는 눈빛, 강한 힘, 한번 마음
   먹으면 꼭 이루고야 마는 성격을 보고 어떤 별명을 붙여 주었나요?

_____

2. 다음 보기 글로 미루어, 윤봉길의 성격은 어떻다고 할 수 있나요?

> "요놈들-!"
> 원효봉에 오른 봉길은 산이 쩌렁쩌렁 울리도록 큰
> 소리로 외쳤습니다. 우리나라를 집어삼키고 우리나라
> 백성들의 재산과 생명을 빼앗아 가는 일본 사람들을
> 꾸짖는 소리였습니다. 봉길은 언젠가는 일본 사람들을
> 우리나라에서 쫓아내겠다고 다짐했습니다.

_____

_____

_____

3. 윤봉길이 보통학교를 그만두고 성주록 선비를 찾아가 공부한 까닭은
   무엇인가요?

_____

_____

_____

4. 독립운동을 하러 만주에 갔던 윤봉길이 상하이로 옮겨 채소 장사를 시작한 이유는 무엇인가요?

5. 다음 보기 글과 같은 일을 겪고 나서 윤봉길이 깨우친 것과 그가 한 일에 대해 적어 보세요.

"아니, 이것들은 죽은 사람 이름을 써서 무덤 앞에 세워 놓는 푯말 아니오?"

봉길은 눈을 크게 뜨며 물었습니다.

"글을 읽을 줄 몰라 내 아버지의 묘소를 찾을 수 없어서 그러오. 제발 부탁이니 이 묘표들 가운데서 내 아버지 이름을 찾아 주시오."

"뭐라고요? 이렇게 묘표들을 죄다 뽑아 왔으니 부친의 묘표를 찾는다 해도 그 묘표가 어디에 있었는지 알 수 없게 되어 버렸잖소?"

"예?"

순간 청년은 바닥에 털썩 주저앉으며 울음을 터뜨렸습니다.

"아이고, 이 일을 어쩌나! 아버지 묘소도 못 찾고, 다른 사람들 묘소도 못 찾게 만들었구나."

6. 윤봉길이 농촌 사람들을 상대로 행한 일은 무엇이었나요? 책 속에서 찾아 적어 보세요.

_____

_____

_____

7. 홍커우 공원에서 의거 후, 일본 경찰에게 잡혀가면서도 대한 독립 만세 를 외친 윤봉길 의사의 행동에서 무엇을 느꼈나요? 만약 그가 죽지 않 고 살아서 독립운동을 했다면 어땠을지 여러분의 생각을 말해 보세요.

> "대한 독립 만세! 대한 독립 만세!"
> 윤봉길은 일본 헌병들에게 잡혀가면서도 목청 껏 대한 독립 만세를 외쳤습니다.
> 감옥에서 윤봉길은 모진 고문을 받았습니다.
> "너에게 이런 짓을 시킨 놈이 누구냐?"
> "바로 우리 2,000만 대한 동포다!"
> 윤봉길은 당당한 얼굴로 말했습니다.
> "무엇이라고? 우릴 놀리는 거야?"
> 일본군은 윤봉길을 사정없이 때렸습니다. 발로 차고 몽둥이로 두들겨 팼습니다.

_____

_____

_____

1. 살가지(살쾡이).

2. 호탕하고 의지가 강하다.

3. 일본 사람들한테 배우고 싶지 않아서.

4. 이곳저곳을 돌아다니면서 일본 군인들의 움직임을 살피기 위해서.

5. 예시 : 그 청년처럼 백성들이 배우지 못해서 나라를 빼앗겼다고 생각한 윤봉길은 야학당을 세워서 사람들에게 글을 가르치기 시작했다.

6. 예시 : 야학당을 세워 글을 가르쳤고, 책을 많이 읽게 하기 위해 독서회도 만들었다. 열심히 공부해도 몸이 약하면 아무 소용이 없다고 생각해 체육회를 만들어 아침마다 축구 경기를 했으며, 늙은 부모님을 모시는 사람들과 함께 '위친계'를 만들어 궂은 일에 미리미리 대비하도록 했다. 그리고 스물두 살이 되자 농촌 사람들의 애국 독립운동 단체인 '월진회'를 조직했다.

7. 예시 : 죽음을 두려워하지 않는 사람은 세상에 없을 것이다. 윤봉길 의사도 마찬가지였을 것이다. 하지만 조국을 사랑하는 마음으로 그는 기꺼이 죽음을 선택했다. 물론 죽지 않고 살아서 뜻이 맞는 사람들과 함께 오랫동안 나라를 위해 일할 수도 있었을 것이다. 하지만 그의 용기 있는 행동은 나라 안팎에 널리 대한의 독립 의지를 알리는 한편, 국민들의 애국심에 큰 불을 지폈다. 이런 점에서 그의 죽음은 결코 헛되지 않았으며, 오랜 세월에 걸친 독립 운동보다 훨씬 더 값진 것이었다고 생각한다.

한국사 (상단)

광개토 태왕 (374~412)
을지문덕 (?~?)

연개 소문 (?~666)
김유신 (595~673)

대조영 (?~719)

장보고 (?~846)
왕건 (877~943)

강감찬 (948~1031)

최무선 (1328~1395)
황희 (1363~1452)
세종 대왕 (1397~1450)
장영실 (?~?)

신사임당 (1504~1551)
이이 (1536~1584)
허준 (1539~1615)
유성룡 (1542~1607)

한석봉 (1543~16...)
이순신 (1545~15...)
오성과 한음 (오성 1556~1618 / 한음 1561~1613)

고구려 살수 대첩 (612)
신라 삼국 통일 (676)

견훤 후백제 건국 (900)
궁예 후고구려 건국 (901)

고려 강화로 도읍 옮김 (1232)
개경 환도, 삼별초 대몽 항쟁 (1270)

문익점 원에서 목화씨 가져옴 (1363)
최무선 화약 만듦 (1377)
조선 건국 (1392)

허준 동의보감 완성 (1610)
병자 호란 (1636)
상평 통보 전국 유통 (1678)

고조선 건국 (B.C. 2333)

철기 문화 보급 (B.C. 300년경)
고조선 멸망 (B.C. 108)

고구려 불교 전래 (372)
신라 불교 공인 (527)

대조영 발해 건국 (698)

장보고 청해진 설치 (828)
왕건 고려 건국 (918)

귀주 대첩 (1019)

윤관 여진 정벌 (1107)

훈민 정음 창제 (1443)

임진 왜란 (1592~1598)
한산도 대첩 (1592)

| B.C. | 선사 시대 및 연맹 왕국 시대 | A.D. | 삼국 시대 | 698 남북국 시대 | 918 | 고려 시대 | 1392 |

| 2000 | 500 | 400 | 300 | 100 | 0 | 300 | 500 | 600 | 800 | 900 | 1000 | 1100 | 1200 | 1300 | 1400 | 1500 | 1600 |

| B.C. | 고대 사회 | A.D. 375 | | 중세 사회 | 1400 |

세계사 (하단)

중국 황하 문명 시작 (B.C. 2500년경)

인도 석가모니 탄생 (B.C. 563년경)

알렉 산더 대왕 동방 원정 (B.C. 334)

크리 스트교 공인 (313)
게르만 민족 대이동 시작 (375)
로마 제국 동서로 분열 (395)

수나라 중국 통일 (589)

이슬람교 창시 (610)
수 멸망 당나라 건국 (618)

러시아 건국 (862)

거란 건국 (918)
송 태종 중국 통일 (979)

제1차 십자군 원정 (1096)

테무친 몽골 통일 칭기즈 칸이 됨 (1206)
원 제국 성립 (1271)

원 멸망 명 건국 (1368)

잔 다르크 영국군 격파 (1429)
구텐 베르크 금속 활자 발명 (1450)

코페르니 쿠스 지동설 주장 (1543)
도요토미 히데요시 일본 통일 (1590)

독일 30년 전쟁 (1618)
영국 청교도 혁명 (1642~16...)
뉴턴 만유 인력의 법칙 발견 (1665)

석가모니 (B.C. 563?~ B.C. 483?)

예수 (B.C. 4?~ A.D. 30)

칭기즈 칸 (1162~1227)

정약용
(1762~1836)

김정호
(?~?)

주시경
(1876~1914)

김구
(1876~1949)

안창호
(1878~1938)

안중근
(1879~1910)

우장춘
(1898~1959)

유관순
(1902~1920)

방정환
(1899~1931)

윤봉길
(1908~1932)

이중섭
(1916~1956)

백남준
(1932~2006)

이태석
(1962~2010)

이승훈
천주교
전도
(1784)

최제우
동학
창시
(1860)

김정호
대동여
지도
제작
(1861)

강화도
조약
체결
(1876)

지석영
종두법
전래
(1879)

갑신
정변
(1884)

동학
농민
운동,
갑오
개혁
(1894)

대한
제국
성립
(1897)

을사
조약
(1905)

헤이그
특사
파견,
고종
퇴위
(1907)

한일
강제
합방
(1910)

3·1
운동
(1919)

어린이날
제정
(1922)

윤봉길·
이봉창
의거
(1932)

8·15
광복
(1945)

대한
민국
정부
수립
(1948)

6·25
전쟁
(1950~1953)

10·26
사태
(1979)

6·29
민주화
선언
(1987)

서울
올림픽
개최
(1988)

북한
김일성
사망
(1994)

의약
분업
실시
(2000)

| 조선 시대 | | | | 1876 개화기 | | 1897 대한 제국 | 1910 일제 강점기 | | | | 1948 | 대한민국 | | | | | |

| 1700 | 1800 | 1850 | 1860 | 1870 | 1880 | 1890 | 1900 | 1910 | 1920 | 1930 | 1940 | 1950 | 1970 | 1980 | 1990 | 2000 |

| 근대 사회 | | | | | | | 1900 | | | | 현대 사회 | | | | | |

미국
독립
선언
(1776)

프랑스
대혁명
(1789)

청·영국
아편
전쟁
(1840~1842)

미국
남북
전쟁
(1861~1865)

베를린
회의
(1878)

청·
프랑스
전쟁
(1884~1885)

청·일
전쟁
(1894~1895)

헤이그
평화
회의
(1899)

영·일
동맹
(1902)

러·일
전쟁
(1904~1905)

제1차
세계
대전
(1914~1918)

러시아
혁명
(1917)

세계
경제
대공황
시작
(1929)

제2차
세계
대전
(1939~1945)

태평양
전쟁
(1941~1945)

국제
연합
성립
(1945)

소련
최초
인공위성
발사
(1957)

제4차
중동
전쟁
(1973)

소련
아프가니
스탄
침공
(1979)

미국
우주
왕복선
콜럼비아
호 발사
(1981)

독일
통일
(1990)

유럽
11개국
단일
통화
유로화
채택
(1998)

미국
9·11
테러
(2001)

워싱턴
(1732~1799)

페스탈
로치
(1746~1827)

모차
르트
(1756~1791)

나폴
레옹
(1769~1821)

링컨
(1809~1865)

나이팅
게일
(1820~1910)

파브르
(1823~1915)

노벨
(1833~1896)

에디슨
(1847~1931)

가우디
(1852~1926)

라이트
형제
(형, 윌버
1867~1912 /
동생, 오빌
1871~1948)

마리
퀴리
(1867~1934)

간디
(1869~1948)

아문센
(1872~1928)

슈바이처
(1875~1965)

아인슈
타인
(1879~1955)

헬렌
켈러
(1880~1968)

테레사
(1910~1997)

만델라
(1918~2013)

마틴
루서 킹
(1929~1968)

스티븐
호킹
(1942~2018)

오프라
윈프리
(1954~)

스티브
잡스
(1955~2011)

빌
게이츠
(1955~)

2023년 6월 25일 2판 6쇄 **펴냄**
2014년 2월 25일 2판 1쇄 **펴냄**
2008년 5월 30일 1판 1쇄 **펴냄**

펴낸곳 (주)효리원
펴낸이 윤종근
글쓴이 박성배 · **그린이** 이승수
등록 1990년 12월 20일 · **번호** 2-1108
사진 제공 중앙포토
우편 번호 03147
주소 서울시 종로구 삼일대로 457, 406호
전화 02)3675-5222 · **팩스** 02)765-5222

ⓒ 2008 · 2014. (주)효리원

ISBN 978-89-281-0330-0 64990

이메일 hyoreewon@hyoreewon.com
홈페이지 www.hyoreewon.com